CB082360

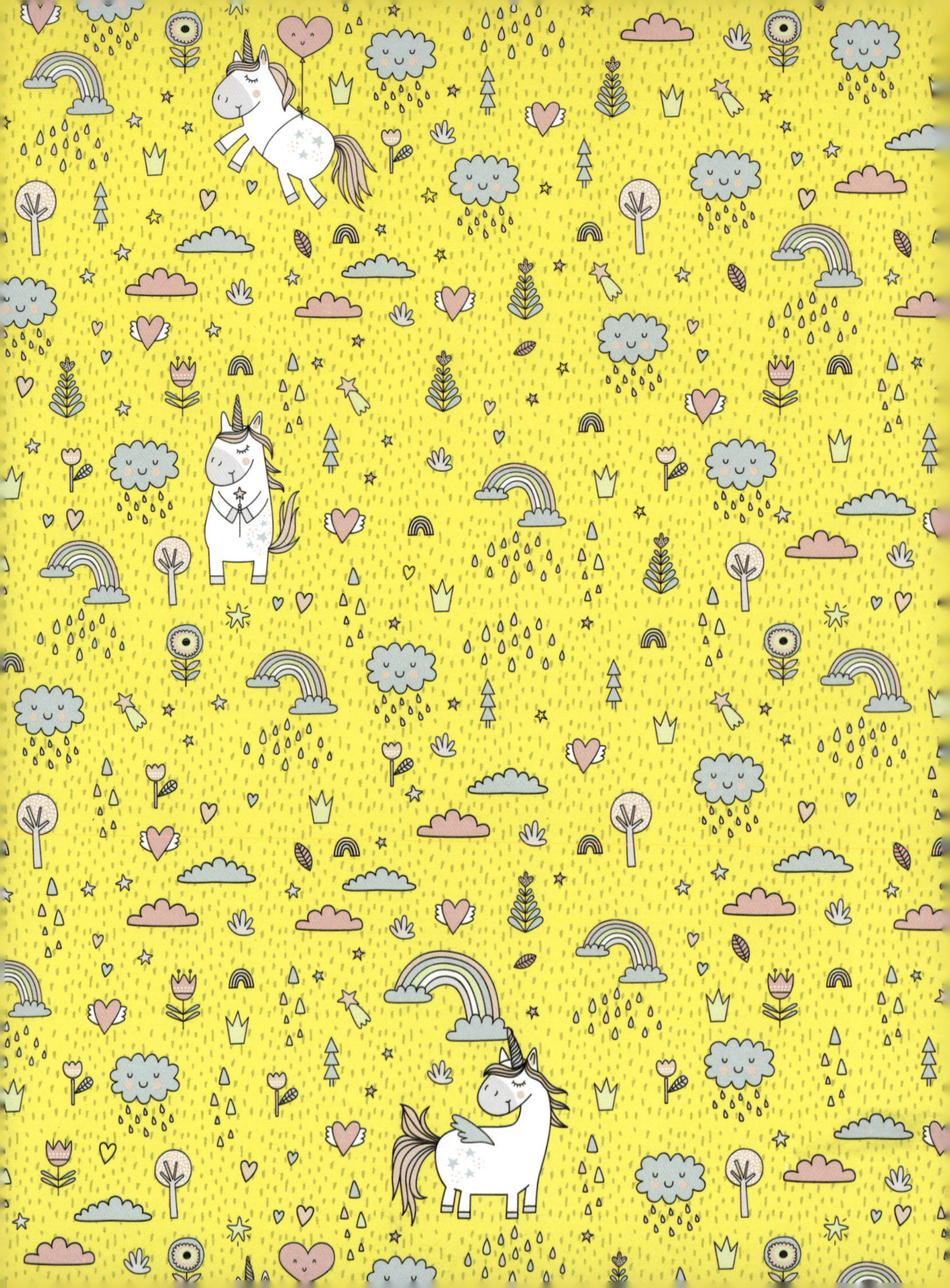

MEU DIÁRIO MÁGICO DE UNICÓRNIOS

SE ESTE DIÁRIO NÃO FOR SEU, NEM PASSE PARA A PRÓXIMA PÁGINA!

Com uma caneta de tinta invisível

Livros MAGIC

Este diário pertence a

_____

Se encontrar este diário, por favor, devolva-o!

Eu sou assim...

(Cole aqui uma foto sua. Escolha a que mais gosta!)

\#_____

UM POUCO sobre mim

Meu nome é
_____.

Prefiro que me chamem de
_____.

Eu nasci no dia _____ de _____.

Tenho _____ anos.

Atualmente, tenho _____ de altura e peso _____ quilos.

Meus cabelos são _____, e eu tenho olhos _____.

Meu animal fantástico favorito é o(a)
_____.

Amigo diário,

Dia __/__/__

- ☑ Dom
- ☑ Seg
- ☑ Ter
- ☑ Qua
- ☑ Qui
- ☑ Sex
- ☑ Sáb

Hoje...

Como estou me sentindo?

LAR, ♥ lar ♥ Fantástico

Quando estou em casa, eu gosto de:

♥ _____
♥ _____
♥ _____
♥ _____

Eu moro em:
( ) casa
( ) apartamento
( ) outros
_____

Quando estou em casa, eu não gosto de:

_____
_____
_____
_____

Eu moro com:

_____
_____
_____
_____
_____

Quando estamos juntos, gostamos de:

♥ _____
♥ _____
♥ _____

Hora da foto

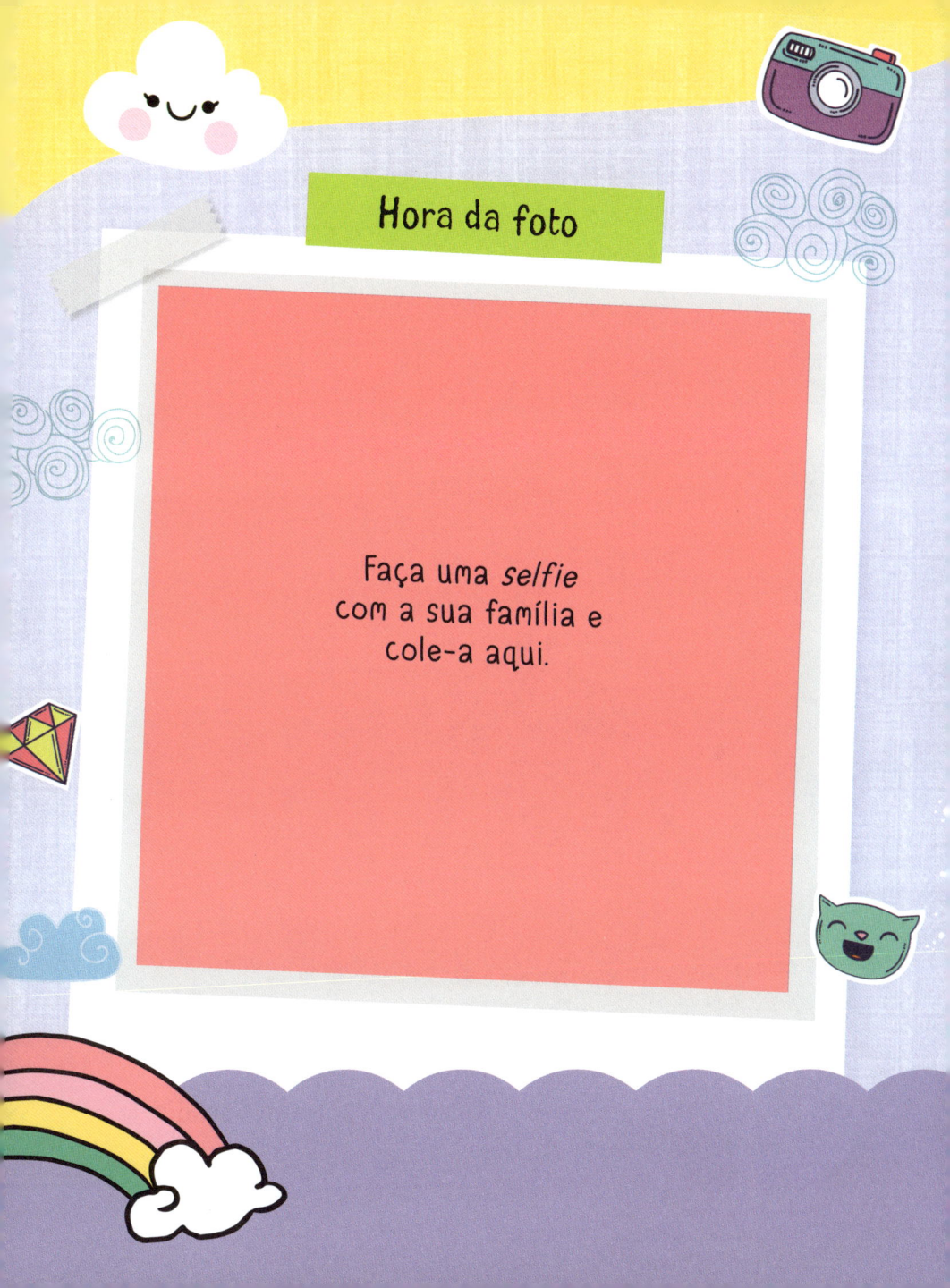

Faça uma *selfie* com a sua família e cole-a aqui.

Dia
__/__/__

Amigo diário,

Hoje...

Dom
Seg
Ter
Qua
Qui
Sex
Sáb

O melhor momento do dia:

Momentos Mágicos

Lugares que gosto de visitar com a minha família:

- ♥ _____
- ♥ _____
- ♥ _____

Aventuras que gosto de fazer com os meus amigos:

- ♥ _____
- ♥ _____
- ♥ _____
- ♥ _____
- ♥ _____

Assuntos sobre os quais converso com as pessoas de quem gosto:

- ♥ _____
- ♥ _____
- ♥ _____
- ♥ _____

Minhas preferências

Eu adoro brincar de: _____

Minha comida favorita é: _____

Eu não gosto de comer: _____

Eu gosto muito de viajar para:
♥ _____
♥ _____
♥ _____

Eu adoro vestir:
♥ _____
♥ _____
♥ _____

Minha cor favorita é: _____

O filme que mais me emocionou foi: _____

Minha música favorita é: _____

Meu livro favorito é: _____

O personagem de que mais gosto é: _____

Se eu pudesse ser um animal fantástico, eu seria:

_____
_____
_____
_____

Passeios inesquecíveis

Minha melhor viagem foi com:

_____
_____
_____
_____

Eu fui para:

_____
_____
_____
_____

Eu amei essa viagem porque...

_____
_____
_____

Cole aqui uma foto dessa viagem.

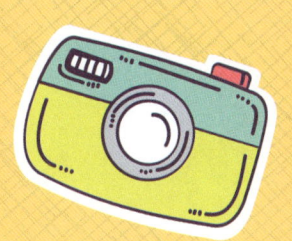

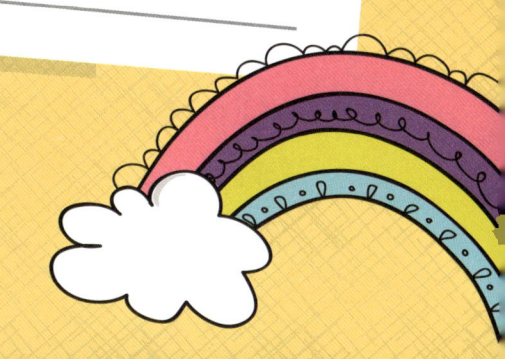

\#

Hora da História

Star,
o unicórnio corajoso

Bia sempre gostou de passear sozinha pela floresta. Em uma tarde, ela viu algo reluzente atrás de uma árvore. Então, foi até lá e encontrou uma cesta coberta com um pano branco.

Ao tirar o pano de cima da cesta, Bia teve uma grande surpresa: viu um lindo unicórnio filhote, com uma etiqueta que dizia "Eu sou Star". A garota levou o filhote para casa, e os dois ficaram grandes amigos. Com o tempo, Star se tornou um unicórnio grande e corajoso, que sabia voar bem alto.

Certa vez, os moradores da cidade de Bia ficaram assustados com um barulho que vinha da floresta. Star, muito corajoso, voou até o local para descobrir o que estava acontecendo.

Lá, ele encontrou uma fadinha presa em um buraco. A asa da fada estava quebrada, e ela não conseguia voar. Então, estava emitindo aquele som para que as outras fadas a escutassem.

Star resgatou a pequena fada e a levou para a cidade. Bia cuidou da bela fadinha, que logo ficou boa e voltou para casa. Os habitantes da cidade agradeceram a Star, e todos comemoraram.

Unicórnio Companheiro

Caso você tivesse um unicórnio, como ele seria? Crie uma história de vocês dois juntos e a escreva aqui.

Utilize este espaço para ilustrar sua história.

Meus melhores amigos são:

Nós nos conhecemos em/no(a):

_____
_____
_____
_____

_____
_____
_____
_____

Eles são meus amigos porque...

_____
_____
_____

Melhores amigos

Nossa turma

Cole uma foto sua e de seus amigos aqui.

🎵 Quem eu convido para dançar:

✈️ Os companheiros de viagem:

🍦 Os que amam tomar sorvete:

Amizade fantástica

Tenho amigos para todos os momentos!

Os que curtem os filmes que eu amo:

_____
_____

Quem não perde uma série:

_____
_____

Os que adoram navegar na internet:

_____
_____

Aqueles que amam livros:

_____
_____

Os que adoram conversar:

_____
_____

MURAL da amizade

Peça para seus amigos deixarem recadinhos para você. Guarde sua caneta mágica e entregue a eles uma caneta comum.

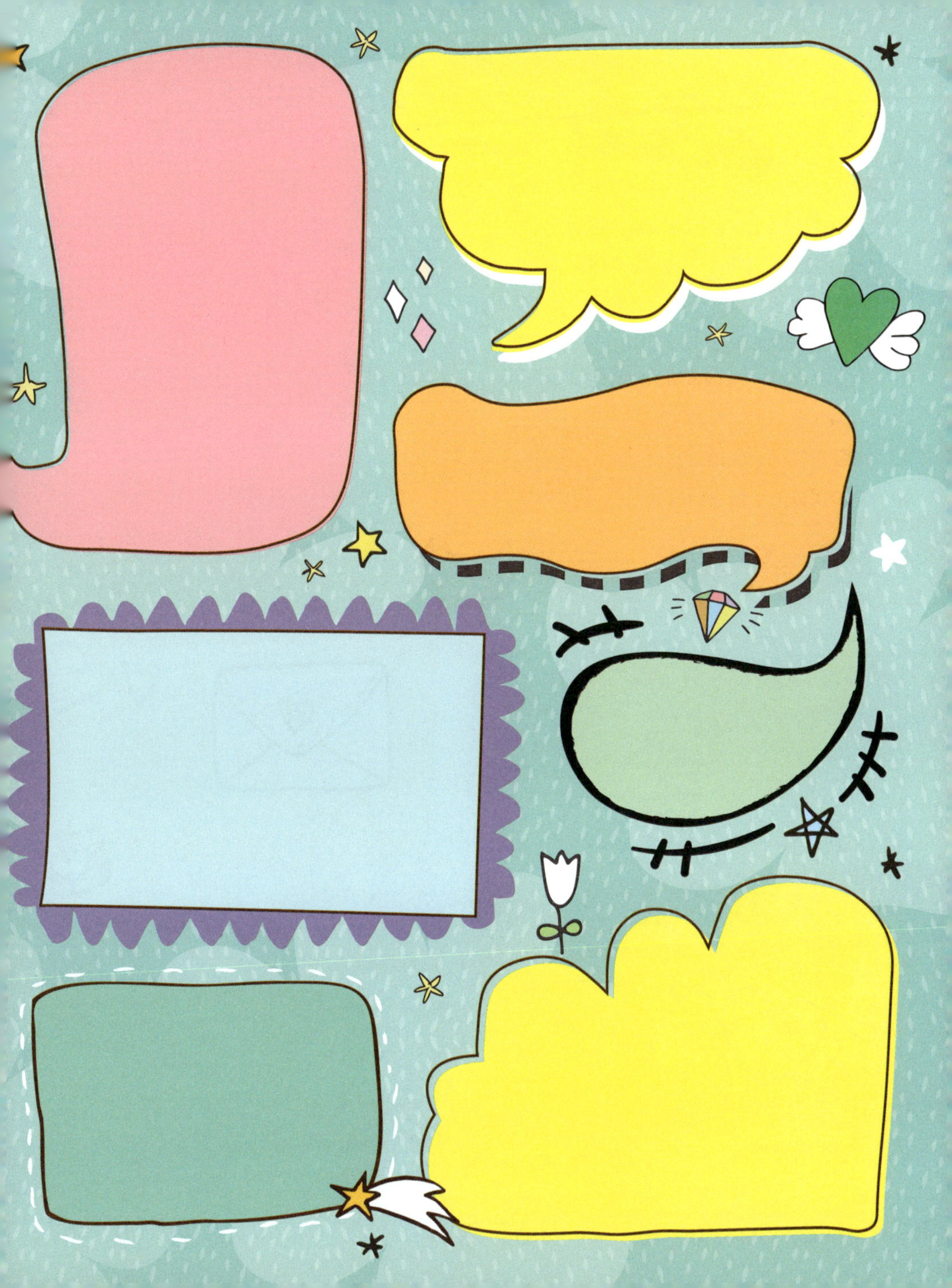

♥Conhecendo seus amigos♥

Quando conhecemos melhor os nossos amigos, fica mais fácil fazer uma surpresa especial para eles ou entendê-los quando ficam chateados com alguma coisa. Então, para saber um pouquinho mais sobre cada um, peça que respondam às perguntas abaixo.

Nome: _____
Cor favorita: _____
Comida favorita: _____
Filme favorito: _____
Fica muito feliz quando... _____
Fica muito chateado(a) quando... _____

Nome: _____
Cor favorita: _____
Comida favorita: _____
Filme favorito: _____
Fica muito feliz quando... _____
Fica muito chateado(a) quando... _____

Nome: _____
Cor favorita: _____
Comida favorita: _____
Filme favorito: _____
Fica muito feliz quando... _____
Fica muito chateado(a) quando... _____

Nome: _____

Cor favorita: _____
Comida favorita: _____
Filme favorito: _____
Fica muito feliz quando... _____
Fica muito chateado(a) quando... _____

Nome: _____

Cor favorita: _____
Comida favorita: _____
Filme favorito: _____
Fica muito feliz quando... _____
Fica muito chateado(a) quando... _____

Nome: _____

Cor favorita: _____
Comida favorita: _____
Filme favorito: _____
Fica muito feliz quando... _____
Fica muito chateado(a) quando... _____

janeiro

fevereiro

maio

junho

Aniversários especiais

outubro

Escreva aqui a data do aniversário das pessoas que você considera especiais.

março

abril

agosto

julho

setembro

novembro

dezembro

O que você faria?

O que você faria caso se transformasse em...

...um unicórnio?

...uma sereia?

...um flamingo?

...um gato?

...uma princesa?

...uma bruxa?

Amigo diário,

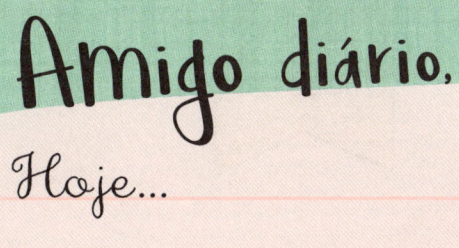

Dia __/__/__

- ♛ Dom
- ♛ Seg
- ♛ Ter
- ♛ Qua
- ♛ Qui
- ♛ Sex
- ♛ Sáb

Hoje...

Hora da História

O flamingo baixinho

Olavo é um flamingo que nasceu com as perninhas bem curtas. Sempre que está com os outros flamingos, ele se percebe menor que todos. Por causa de seu tamanho, ele não consegue ver as belas paisagens da floresta e das praias. Muitas vezes, só consegue enxergar seus amigos flamingos.

Mesmo assim, Olavo observa bastante os outros flamingos e vê beleza nos diversos tons de rosa de todos eles. Ele também adora prestar atenção nos pequenos animais que vivem na areia. É muito divertido brincar de encontrar os siris, que se escondem rapidamente, criando buracos por onde passam.

Olavo sabe que cada animal tem um jeito único e que todos têm talentos diferentes. Graças ao seu tamanho, ele é um flamingo muito observador e detalhista. Ele consegue ver que há beleza em todos os lugares e para animais de todas as alturas.

Conte sobre você.

O que mais você admira em relação a seus pensamentos e personalidade?

♥ _____

♥ _____

♥ _____

♥ _____

O que você gostaria que as pessoas vissem mais em você?

_____

_____

_____

O que gostaria de mudar em você? Por que mudaria isso?

_____

_____

_____

_____

_____

_____

_____

Você é uma pessoa observadora? Gosta de admirar a natureza? Escreva um pouco sobre sua personalidade.

_____

_____

_____

Cada pessoa é diferente. Algum dos seus amigos é bem diferente de você? Como vocês se conheceram?

_____

_____

Algum dos seus amigos é muito parecido com você? O que vocês gostam de fazer quando estão juntos?

♥ _____

♥ _____

♥ _____

♥ _____

Quais são seus principais talentos?

♥ _____

♥ _____

♥ _____

♥ _____

♥ _____

Sites e blogues

Anote aqui o endereço dos sites e blogues de que você mais gosta.

- http://
- Assunto:

- http://
- Assunto:

- http://
- Assunto:

- http://
- Assunto:

- http://
- Assunto:

Amigo diário,

Dia _ _ | _ _ | _ _

Hoje...

- 👑 Dom
- 👑 Seg
- 👑 Ter
- 👑 Qua
- 👑 Qui
- 👑 Sex
- 👑 Sáb

O melhor momento do dia:

Milk-shake de unicórnio

No lanche da tarde, sempre bate uma vontade de saborear algo bem gostoso. Acompanhe o passo a passo desta receita para aprender a preparar um delicioso milk-shake de unicórnio. Lembre-se de pedir a ajuda de um adulto!

♥ Ingredientes:

Para a bebida:
- ♥ 3 bolas de sorvete de morango;
- ♥ 1 copo de leite;
- ♥ chantilly a gosto.

Para decorar:
- ♥ 1 casquinha de sorvete;
- ♥ confeitos coloridos em formato de estrelinha;
- ♥ se preferir, utilize caldas de diversos sabores e cores para deixar a sua bebida ainda mais bonita e saborosa.

♥ Modo de preparo:

1. Coloque o leite e o sorvete no liquidificador e bata por aproximadamente 30 segundos.
2. Coloque a mistura em um copo bem bonito e reserve.
3. Peque o frasco de chantilly, chacoalhe e comece a colocar a cobertura em cima da bebida.
4. Cuidadosamente, coloque a casquinha de sorvete, com a pontinha para cima, sobre o chantilly.
5. Decore com os confeitos do modo como preferir e aproveite o seu delicioso milk-shake de unicórnio!

Dica:

Para apreciar a sua bebida, utilize um canudinho de aço inox em vez de um de plástico. Além de ter um canudinho para sempre, você também ajudará a preservar o meio ambiente.

Que tipo de música você curte?

Qual banda ou cantor você adora ouvir?

Quais amigos adoram ouvir música com você?

Momento musical
#melhorshow

Qual show você gostaria de ver?

Você sabe ou já quis aprender a tocar algum instrumento musical?

Você gosta de cantar? Já cantou músicas em outros idiomas?

Você já montou ou pensou em montar uma banda com seus amigos? Quem você convidaria para participar?

Você já escreveu alguma música? Sobre o que é? Já mostrou para alguém?

Revelações

Eu prefiro ficar: _____

Se eu pudesse escolher: _____

Nunca gostei de: _____

Eu não gosto de emprestar:
- _____
- _____
- _____

Tenho vontade de viajar para:
- _____
- _____
- _____

Meu maior mico:

Tenho muito medo de:

Fico muito feliz com:

Meus amigos não sabem que:

Gosto muito da companhia do(a):

Pense rápido

Nesta brincadeira, você precisa marcar a primeira opção que vier à sua mente, de acordo com suas preferências.

- Unicórnios / Flamingos
- Super-heróis / Super-heroínas
- Fadas / Sereias
- Contos de fadas / Histórias reais
- Guerreiras / Princesas
- Príncipes / Vilões

- Criar histórias | Ouvir histórias
- Falar | Escutar
- Nadar | Caminhar
- Ler | Assistir à TV
- Séries | Filmes
- Praia | Campo
- Patins | Skate

Meu maior sonho

Não há nada mais gostoso do que sonhar e imaginar um mundo repleto de coisas de que gostamos. Já imaginou se a sua casa fosse feita de algodão-doce e se no jardim houvesse uma fonte de chocolate? Use este espaço para soltar a imaginação e escrever sobre um lugar mágico onde você adoraria morar.

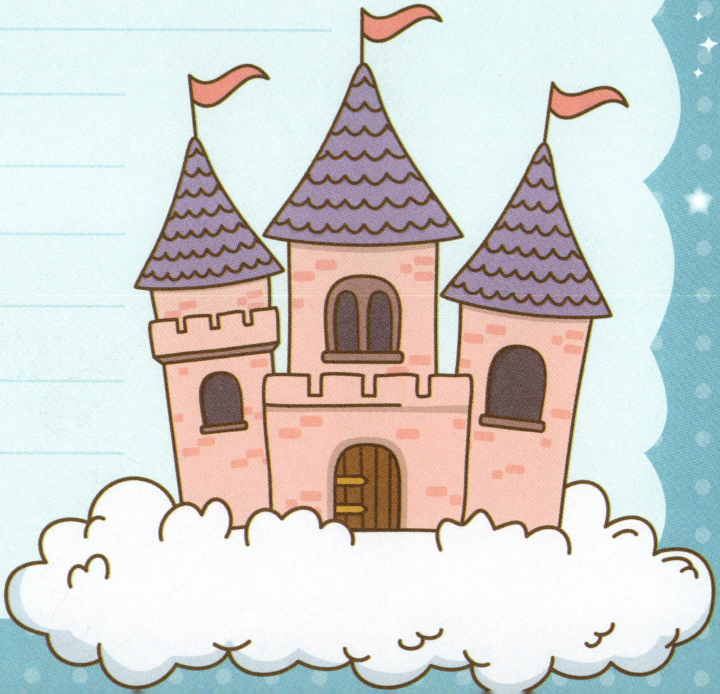

Hora de desenhar!

AGORA, DESENHE COMO SERIA ESSE LUGAR SOBRE O QUAL VOCÊ ACABOU DE ESCREVER.

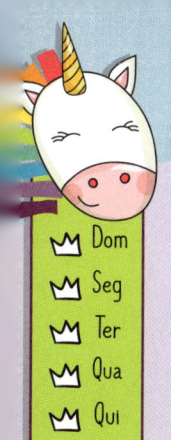

Amigo diário,

Dia _ _ _ | _ _ | _ _

Hoje...

- Dom
- Seg
- Ter
- Qua
- Qui
- Sex
- Sáb

O que você gostaria de dizer agora para os seus amigos?

Hora da História

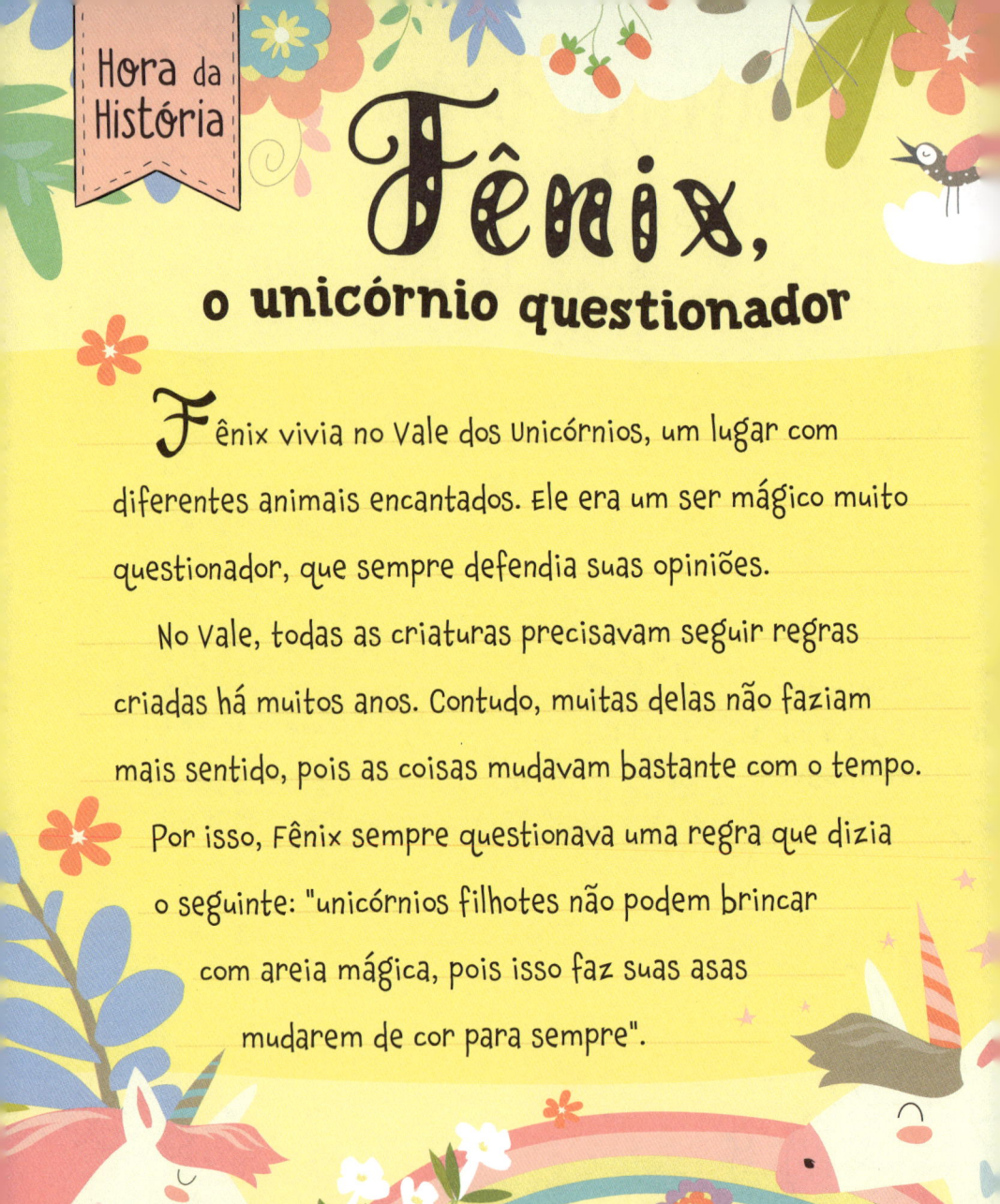

Fênix, o unicórnio questionador

Fênix vivia no Vale dos Unicórnios, um lugar com diferentes animais encantados. Ele era um ser mágico muito questionador, que sempre defendia suas opiniões.

No Vale, todas as criaturas precisavam seguir regras criadas há muitos anos. Contudo, muitas delas não faziam mais sentido, pois as coisas mudavam bastante com o tempo. Por isso, Fênix sempre questionava uma regra que dizia o seguinte: "unicórnios filhotes não podem brincar com areia mágica, pois isso faz suas asas mudarem de cor para sempre".

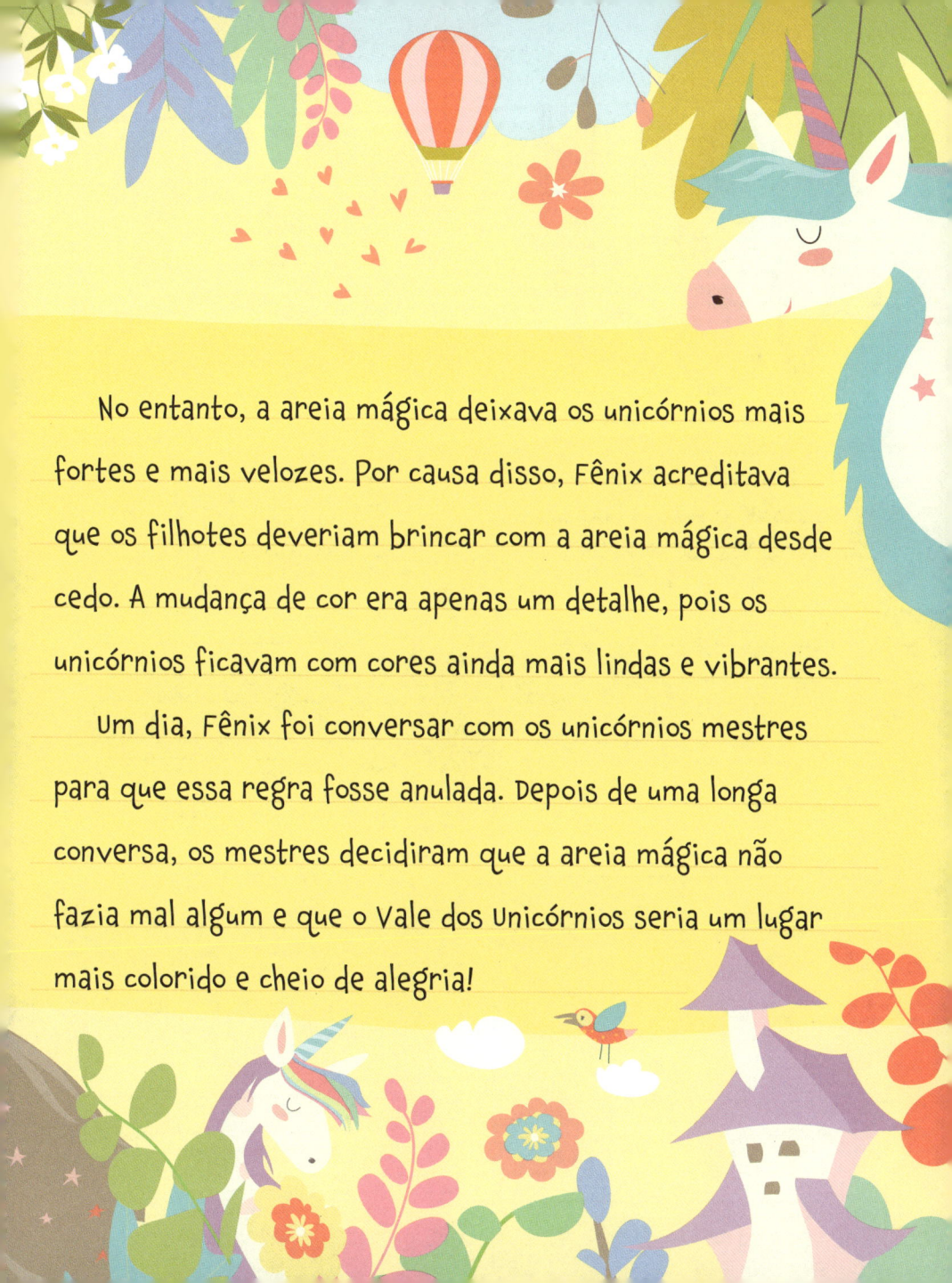

No entanto, a areia mágica deixava os unicórnios mais fortes e mais velozes. Por causa disso, Fênix acreditava que os filhotes deveriam brincar com a areia mágica desde cedo. A mudança de cor era apenas um detalhe, pois os unicórnios ficavam com cores ainda mais lindas e vibrantes.

Um dia, Fênix foi conversar com os unicórnios mestres para que essa regra fosse anulada. Depois de uma longa conversa, os mestres decidiram que a areia mágica não fazia mal algum e que o Vale dos Unicórnios seria um lugar mais colorido e cheio de alegria!

Conte sobre você...

Você já precisou se adaptar a novas regras? Como se sentiu?

_____
_____
_____

Você gostaria de mudar algo em casa ou na escola? Por que você mudaria isso?

_____
_____
_____

Com quem você conversaria para que essa mudança acontecesse? Escreva como você falaria a respeito disso.

_____
_____
_____

Você já mudou de cidade ou de escola? Se sim, como foi?

Você já descobriu algo novo com um amigo que tinha a opinião diferente da sua? Como foi? O que você sentiu?

Alguém já fez você mudar de opinião a respeito de algum assunto? E você, já expressou seu ponto de vista para ajudar alguém?

Frase inspiradora:

Cinema

O melhor filme ao qual eu assisti no cinema foi:

_____

_____

A história dele é sobre:

Quero assistir

Eu quero ver o filme

Quem me indicou foi:

Eu me interessei por ele porque...

Eu quero ver o filme

Quem me indicou foi:

Eu me interessei por ele porque...

Recordações

Os melhores momentos da nossa vida sempre deixam recordações. Neste espaço, cole algum ingresso de cinema, papel de bala ou qualquer outra coisa que faça você se lembrar de algum momento especial. Não se esqueça de fazer uma anotação abaixo de cada um dos itens que você escolheu para guardar aqui.

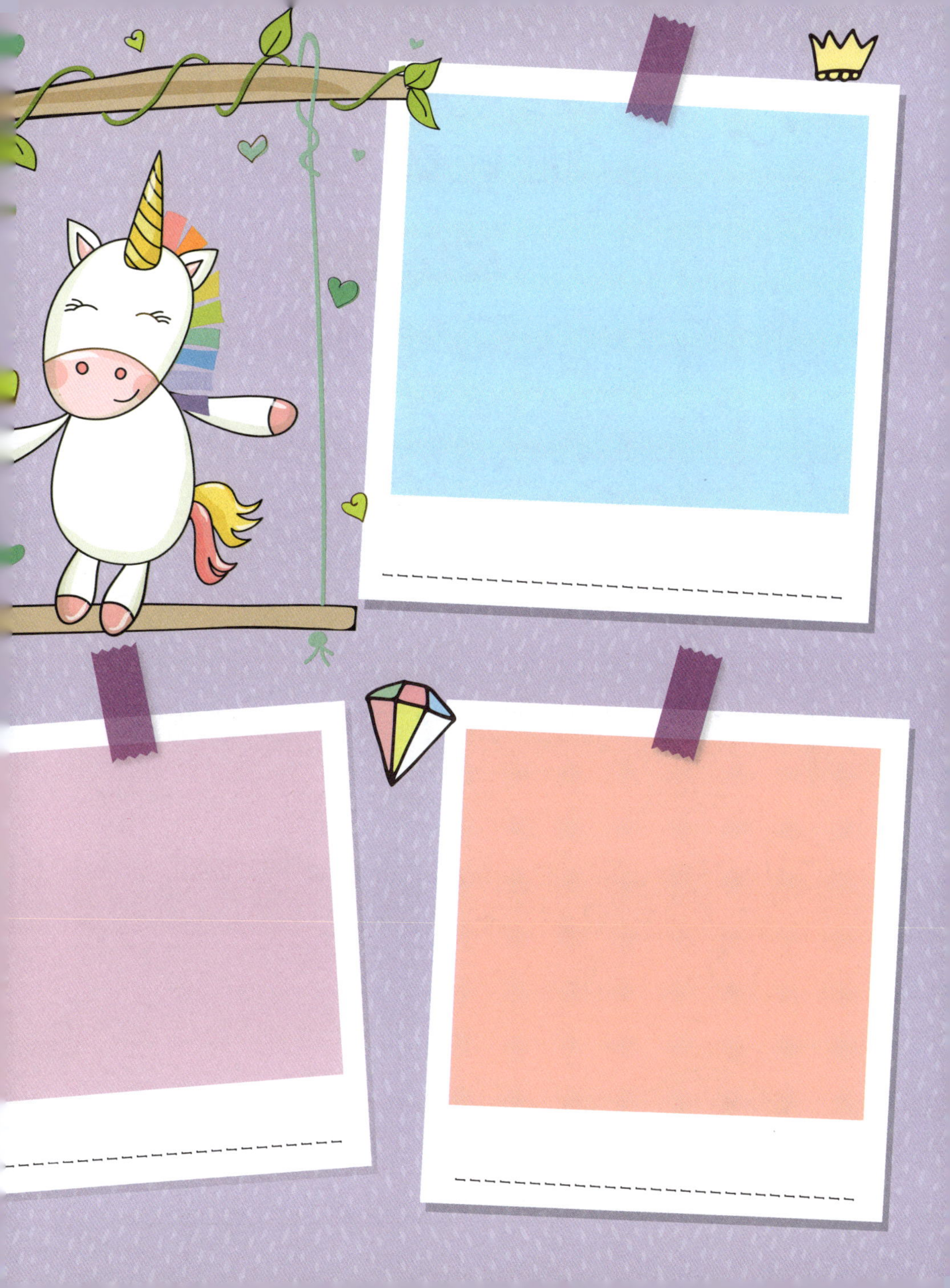

COLE AQUI UMA FOTO QUE **VOCÊ** ADORA!

\#_____

Amigo diário,

Dia __/__/__

Dom
Seg
Ter
Qua
Qui
Sex
Sáb

Hoje...

Como está o dia hoje?

Tempestade
Chuva
Sol com nuvens
Sol

Viajar e aprender

Você sabia que pelo mundo existem diferentes culturas e formas de fazer e observar as coisas? Quando viajamos, aprendemos muito! Escreva neste espaço um pouquinho sobre a viagem dos seus sonhos.

Local para onde quero viajar:
_____
_____
_____
_____
_____

Por quanto tempo quero viajar:
_____
_____
_____
_____
_____

Por que quero conhecer esse lugar:
_____
_____
_____
_____
_____

Com quem quero viajar:
_____
_____
_____
_____
_____

ROTEIRO DA VIAGEM

Coisas que quero fazer:

Pontos turísticos:

Neste espaço, crie seu roteiro de viagem. Não se esqueça de listar as coisas que quer fazer e os pontos turísticos que quer conhecer.

Dicas de Viagem

Agora que você já escreveu sobre a sua viagem dos sonhos, leia atentamente as dicas a seguir para que ela seja a melhor experiência de todas.

1 Pesquise bastante sobre o seu destino. Cada lugar tem um costume e uma cultura diferentes. Antes de viajar, verifique quais são as regras dos lugares, para não pagar nenhum mico ou desrespeitar alguém.

2 Prepare sua mala com antecedência! Antes de arrumá-la, pesquise sobre a estação do ano e o clima do local de destino. Lembre-se, por exemplo, de que, enquanto no Hemisfério Sul é verão, no Hemisfério Norte é inverno.

3 Planeje-se para imprevistos. Às vezes, algumas coisas podem não sair de acordo com o planejado, como passar mal durante o trajeto. Para isso, lembre-se de sempre levar um kit com seus produtos de higiene pessoal.

4 Lembre-se da diversão! Depois de seguir todas essas dicas, dificilmente algo dará errado. Aproveite e registre cada momento!

Por onde já passei

Liste alguns lugares para onde você já viajou e o que conheceu por lá.

Cole aqui a foto de um dos passeios que você mais gostou.

Massinha mágica

Você vai precisar de:

- recipiente;
- colher;
- cola branca;
- corante de sua preferência;
- 1 colher de amido de milho;
- 1 colher de creme corporal;
- 1 colher de sabonete líquido;
- uma pitada de fermento;
- soro fisiológico;
- ativador de slime à base de água.

♥ Modo de preparo:

Em um recipiente, coloque a quantidade de cola que preferir (a quantidade desse ingrediente definirá a quantidade de massinha que terá). Pingue algumas gotas de corante e misture bem.

Depois acrescente o amido de milho, o creme corporal, o sabonete líquido e o fermento. Mexa até que a mistura fique uniforme e sem bolinhas.

Vá acrescentando o soro fisiológico aos poucos à mistura. Depois, acrescente, também aos poucos, o ativador.

Para esta receita, o segredo é misturar bastante, sovar bem a massa para dar a ela o ponto de massinha. Assim que ela começar a desgrudar do recipiente e das suas mãos, ela estará pronta!

Dica: Para deixar a sua massinha brilhante, acrescente glitter à receita.

Amigo diário,

Dia __/__/__

Hoje...

- Dom
- Seg
- Ter
- Qua
- Qui
- Sex
- Sáb

O que você gostaria de dizer agora para seus amigos?

Hora da História

Uma história de amizade

A sereia Liz vivia no fundo do mar, em uma vila chamada Coral. Lá havia diferentes animais, desde peixinhos até tubarões e baleias.

Liz adorava contar aos seus amigos animais muitas histórias incríveis sobre a vida fora d'água.

Certa vez, ela contou a história de Sol, uma menina que encontrou um cãozinho. Sol procurou em toda a cidade, mas não achou os donos dele. Ela o levou para casa, e os dois se tornaram grandes amigos.

Um dia, Sol estava brincando, quando sua mãe lhe disse que o dono do cãozinho, um menino, havia aparecido para buscá-lo. Muito triste, a menina abraçou o cachorrinho e o pegou no colo.

Ao ver seu dono na porta, o cãozinho pulou do colo de Sol e latiu de felicidade. No mesmo instante, a menina entendeu que o cãozinho já tinha um lar... Então, ela se despediu do amigo.

Liz terminou de contar a história e percebeu que seus amigos do mar estavam tristes. Ela então explicou que Sol havia sido generosa e que agora ela havia ganhado dois novos amigos: o menino e o cãozinho.

Conte sobre você...

Você tem algum animal de estimação? Se sim, qual? O que vocês fazem juntos?

Qual animal você gostaria de ter? Que nome você daria para ele?

Você tem medo de algum animal? Se sim, de qual?

Desenhe ou cole uma foto do seu bichinho de estimação.

Se você pudesse ter um animal diferente, qual seria? Desenhe ao lado.

Dia __/__/__

Amigo diário,

Hoje...

Dom
Seg
Ter
Qua
Qui
Sex
Sáb

De qual estação do ano você mais gosta?

Verão Inverno Outono Primavera

Amigo diário,

Dia ___/___/___

- Dom
- Seg
- Ter
- Qua
- Qui
- Sex
- Sáb

Hoje...

⬅ O que você guardaria neste potinho?
_____

Estes são os meus maiores segredos. Eles jamais devem ser revelados.

Meus segredos

Segredo secreto:

Segredo supersecreto:

Segredo megassecreto:

Eu acho que sou uma pessoa...

Meu jeito

...ansiosa

...tímida

...divertida

...mal-humorada

...sincera

...pensativa

...persistente

...falante

...brincalhona

...tranquila

...estudiosa

Um estilo só meu

Cole uma foto sua com o visual que você mais gosta.

As roupas que usamos dizem bastante sobre a nossa personalidade. Escreva no espaço abaixo quais são as suas combinações de roupas favoritas para cada ocasião.

Para ir ao shopping:
_____
_____
_____
_____
_____

Para ir a um parque:
_____
_____
_____
_____
_____

Para ir a uma festa:
_____
_____
_____
_____
_____

Caça-palavras

Cada unicórnio tem um poder mágico e diferente. As três primeiras palavras que você encontrar no caça-palavras abaixo definem que tipo de unicórnio você seria.

```
B I N D C O L O R I D O H
R A E E A C T O A E S A G
I C F A B U A O S O N H B
L I D U G O B U I L S A O
H T N E L I D T S H T L T
A E O A S D B L G E A E L
N L S U R E N S I O C G A
T A C B U H O A O S A R N
E T G O H E C L E G T E I
S I A E T A S A B O B U C
T B S L S O U N I H R O U
A N E N C A N T A D O O A
```

Amigo diário,

Dia ___/___/___

Hoje...

- Dom
- Seg
- Ter
- Qua
- Qui
- Sex
- Sáb

♥ 1

Como estou me sentindo?

Cardápio Mágico

Você sabia que todos os animais fantásticos, assim como os unicórnios, se alimentam muito bem e, por isso, são lindos e encantadores? Você também se alimenta corretamente? Escreva um pouco sobre seus hábitos alimentares.

No café da manhã, eu costumo comer:

- _____
- _____
- _____
- _____

Já no almoço, eu costumo comer:

- _____
- _____
- _____
- _____

No lanche da tarde, eu costumo comer:

- _____
- _____
- _____
- _____

Na hora do jantar, eu costumo comer:

- _____
- _____
- _____
- _____

Dieta saudável

O que eu mais gosto de comer?

O que eu deveria comer com menos frequência?

O que eu deveria comer menos, para evitar o excesso?

♥ Dicas para a saúde:
- beba muita água – de 6 a 8 copos por dia;
- coma mais fibras – brócolis, alface, mamão, cereais integrais etc;
- mastigue bem os alimentos para garantir uma boa digestão.

Meus hobbies

As coisas que eu mais gosto de fazer no meu tempo livre:

- ♥ _____
- ♥ _____
- ♥ _____
- ♥ _____

O que eu gostaria de fazer com mais frequência:

- ♥ _____
- ♥ _____
- ♥ _____
- ♥ _____

O que eu gostaria de fazer e ainda não fiz:

- ♥ _____
- ♥ _____
- ♥ _____
- ♥ _____

Cole uma foto sua fazendo uma das atividades de que mais gosta.

\# _____

NA ESCOLA

O nome da escola onde estudo: _____

Atualmente, estou na(o): _____

Eu estudo no período:

( ) matutino ( ) vespertino ( ) integral

As minhas matérias preferidas são:

- _____
- _____
- _____

Eu não gosto muito de:

- _____
- _____
- _____

A nota mais alta que já tirei: _____

Matéria: _____

A nota mais baixa que já tirei: _____

Matéria: _____

Professores do coração:
- ♥ _____
- ♥ _____
- ♥ _____

Os meus melhores amigos que estudam comigo:
- ♥ _____
- ♥ _____
- ♥ _____

Passeios com a escola

O passeio mais legal que fiz com a escola foi para:

_____
_____
_____
_____
_____

Um passeio que eu gostaria de não lembrar foi:

_____
_____
_____
_____
_____

COLE AQUI UMA FOTO QUE VOCÊ ADORA!

Cole aqui uma foto do passeio mais divertido que você fez com a escola.

#_____

Todo mundo já teve um momento divertido e engraçado. Neste espaço, escreva sobre um dos momentos mais divertidos que você teve.

_____
_____
_____
_____
_____
_____
_____
_____

Um momento divertido

COLE AQUI UMA FOTO
bem engraçada

Sentimentos e sensações

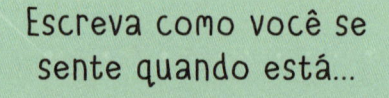

Escreva como você se sente quando está...

...alegre:
_____
_____
_____

...com raiva:
_____
_____
_____

...com medo:
_____
_____
_____

...confiante:
_____
_____
_____

...triste:
_____
_____
_____

...com saudade:
_____
_____
_____

Amigo diário,

Dia __/__/__

Hoje...

- Dom
- Seg
- Ter
- Qua
- Qui
- Sex
- Sáb

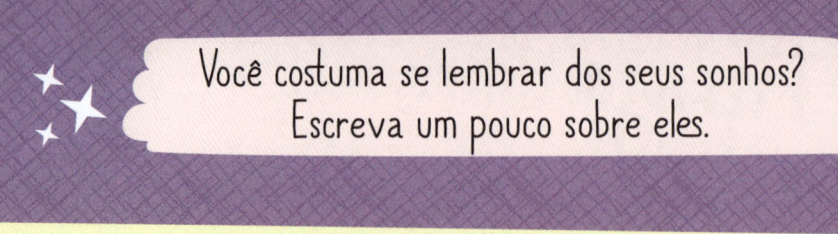

Você costuma se lembrar dos seus sonhos?
Escreva um pouco sobre eles.

O sonho mais maluco que já tive:
_____
_____
_____
_____
_____
_____

Hora de sonhar

O pior pesadelo que já tive:

O melhor sonho que já tive:

Meus maiores desejos

Eu gostaria muito de aprender a:

Algo que eu queria tentar, mas me falta coragem:

Amigo diário,

Dia _ _ | _ _ | _ _

Hoje...

- Dom
- Seg
- Ter
- Qua
- Qui
- Sex
- Sáb

Como está o dia hoje?

Tempestade · Chuva · Sol com nuvens · Sol

Como será o futuro?

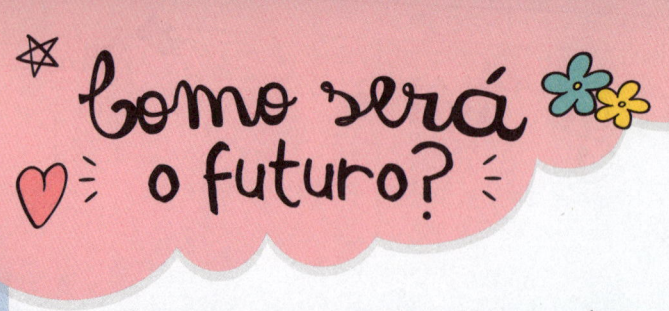

Use este espaço para escrever sobre o que você espera que aconteça no futuro, como você acha que as cidades vão ser ou quais novas tecnologias vão existir.

Vida de adulto

Agora, escreva um pouco sobre o que você espera ser quando crescer. Não se esqueça de mencionar o que quer estudar e também em que quer trabalhar.

Querido DIÁRIO Mágico,

muito obrigada por guardar meus segredos!

Com amor,

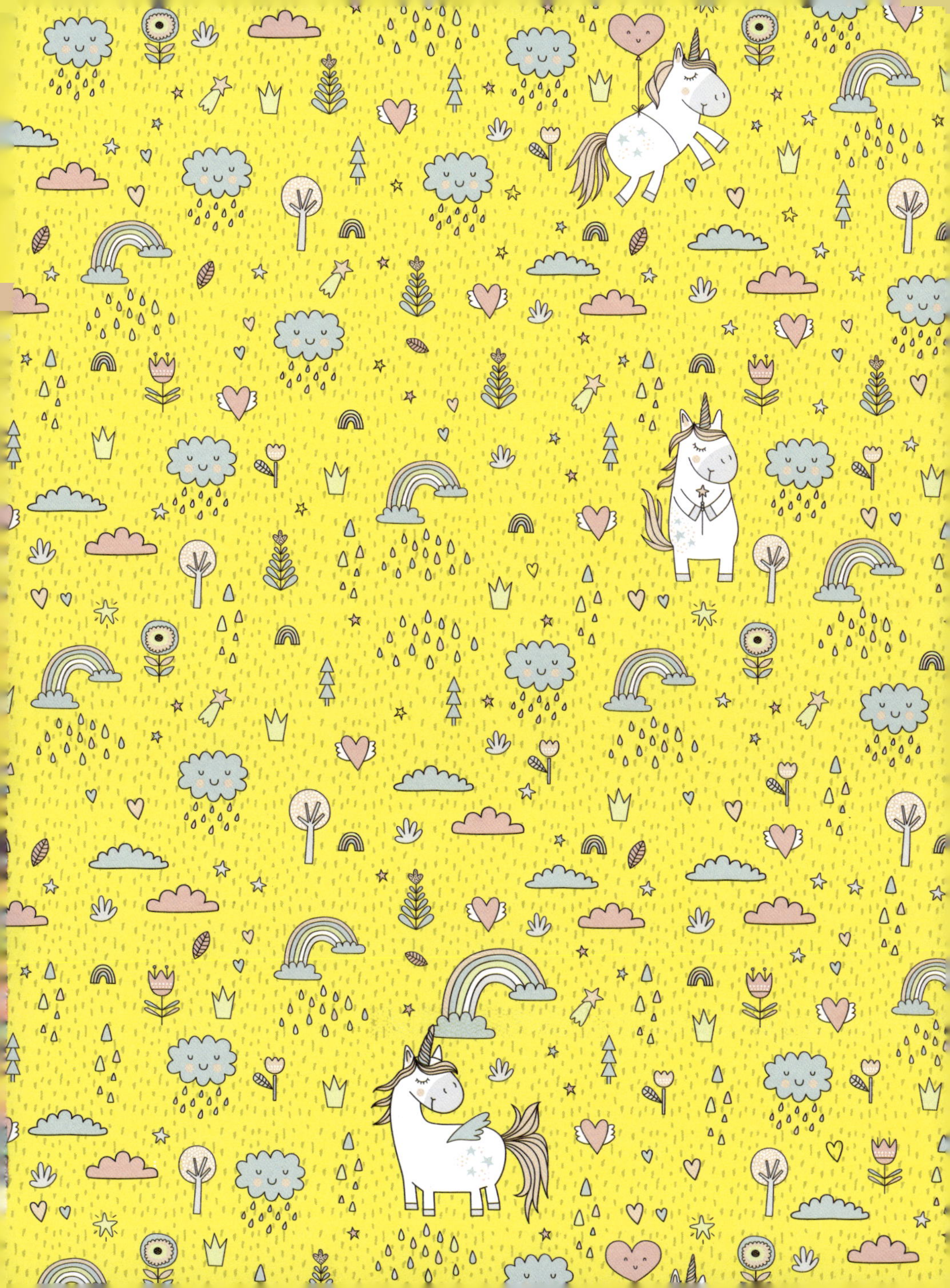

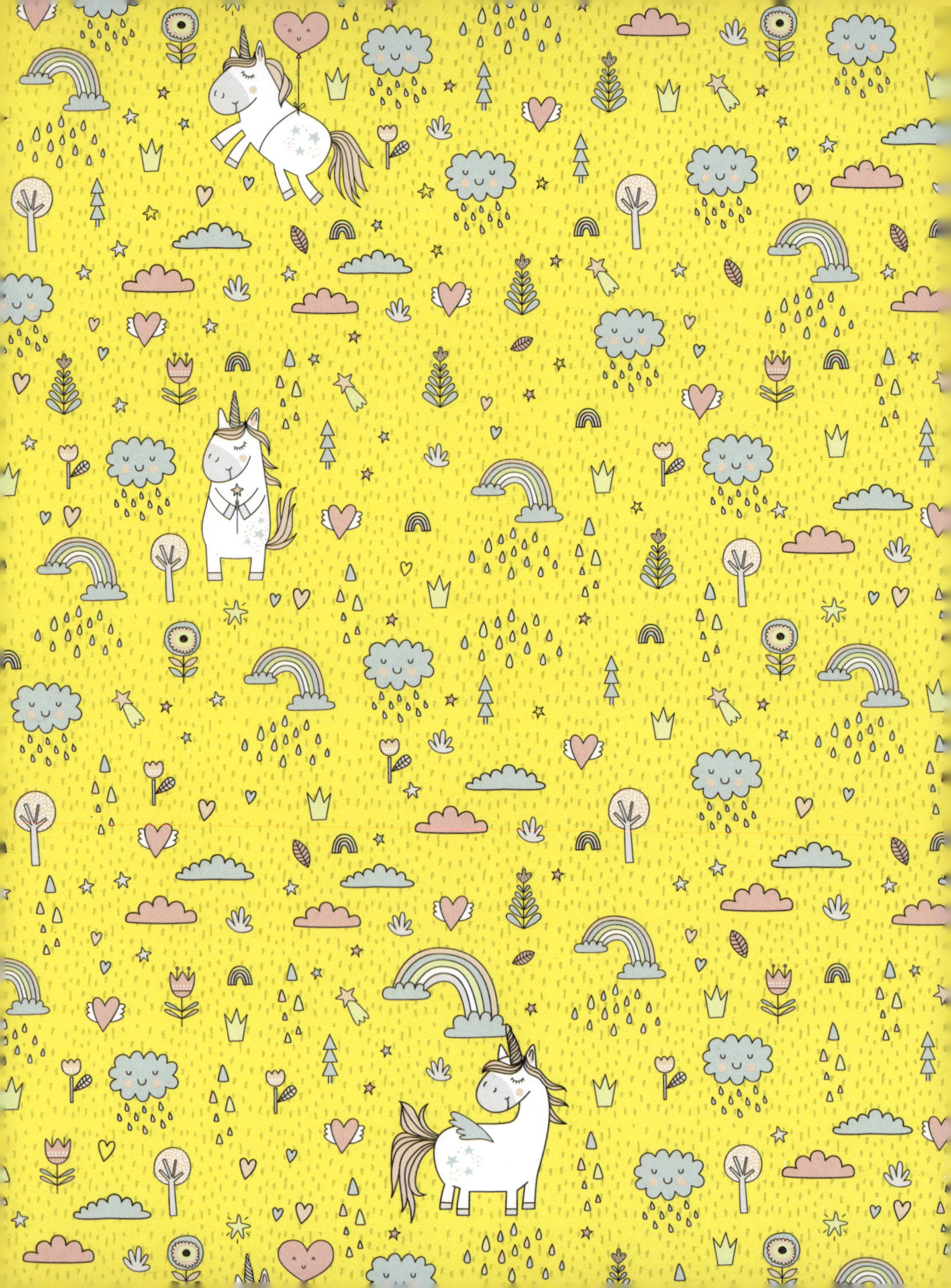